세상살이 사랑:
젊고 늙음에 관계없이

이제홍 제3집 글모음

세상살이 사랑:
젊고 늙음에 관계없이

興地 이제홍

책연

序 文

　옳고 그름의 판단 그리고 행동
　: 세상을 살아가는 우리들의 몫, 사랑뿐이다.

　나는 가끔 인생의 여정을 떠난다. 가진 것이 없기에 허허롭게 떠나 맘 편하다. 어차피 인간은 완벽한 존재가 아니기에 부족하다고 인정하니 또한 맘 편하다. 내가 아닌 우리 모두가 떠나야 하는 이유는 존립해 있는 자리에서 오랫동안 죄를 너무 많이 지었기 때문이다. 너무나 많은 탐욕을 소유하고자 타인의 생활을 침해하는 행위를 습관적으로 저질렀기 때문이기도 하다. 그래서 여행을 떠나 자아의 영혼을 반성하며, 치유해보기도 한다.

　어느 작은 시골 오솔길에서 무심결에 지나치면 보이지 않은 아주 작은 꽃을 발견할 수 있다. 쪼그리고 앉아야 자세히 볼 수 있는 하얀 색 꽃잎을 가진 이름 없는 아주 작은 꽃이었다. 너무나 아름다웠다. 우리 사람들이 흔히들 좋아하는 장미, 튤, 봉숭아, 코스모스, 히아신스, 해바라기, 접시꽃, 모란꽃, 목련꽃, 산수유, 도라지, 민들레 등 화려한 꽃들은 언제나 대접받아 존재한다. 그런데 시골 오솔길 가에 피어있는 아주 작은 꽃은 아무도 알아주지 않지만 그 자리에서 자기의 꽃의 역할을 하며, 꽃의 구성으로 뒷받침하며 사라지지 않고 있다.

그 꽃을 자세히 보면, 꽃잎의 색이 하얗게 바탕칠 되고, 그 위에 핑크 빛으로 덮여 있고 꽃 잎 주변 가는 검은 색으로 이어져 너무 귀엽고 아름다운 꽃이다. 그 꽃은 너무 작고 귀여워 꺾어서 누구에게 선물 할 수 있는 꽃은 아니고, 꽃이 핀 그 들녘으로 찾아와야 볼 수 있는 꽃이다. 이름 없는 아주 작은 꽃은 수많은 꽃들 중 뛰어나고 화려하지 않지만 한없이 아름다운 꽃이다. 그 꽃은 세상탐욕을 벗어던지기 위해 여행하는 사람들이 급하지 않고, 고요한 여정 길에서 볼 수 있어 더욱 소중한 가치를 가진 꽃이다. 작은 것이 아름답다고 하는 의미를 알려주는 꽃이다. 이제 저는 작은 것에 민감하며, 작은 것을 세세하게 바라보는 습관이 있으며, 작은 것이 아름답다는 것을 느끼는 나이가 되었다.

또한 세상사는 사람들에게 사랑의 화두를 던지면서 가을에 이 가을에 사랑의 여정을 떠나볼까 한다. 이 세대의 아픔과 이 시대의 혼란을 이겨낼 수 있는 원동력은 바로 사랑과 믿음이다. 설렘으로 다가 왔던 사랑, 서툴게 했던 사랑, 책임감으로 가족을 지키는 사랑, 길 떠나며 세상을 둘러보는 외로운 길 나그네인 나의 사랑, 그리고 뜻하지 않은 세상 슬픔을 품어야 하는 사랑, 숨겨놓고 가끔씩 꺼내보는 첫 사랑 등 이 모든 사랑 중 하나씩 꺼내 들고 세상사는 사랑을 하며 고요한 사랑여행을 떠나고 있다.

이제 내려놓고 빈 주머니인 채로 세속의 인연을 거두어들이고 잠시 떠나 있도록 하자. 무엇이 중요하고, 그 어떤 것을 삶의 중심에 두어야 하는지 한번쯤 생각해볼 수 있는 시간을, 공간을 가져보는 것이 이 시대를 사는 사람이 해야 하는 여정의 길이 아닐까 생각한다. 그렇게 살지 못 한 지난 삶을 껴안고 보고자 그동안 세상을 벗어난 시공 안에서 벽돌을 하나씩 쌓아 올리듯 시 백여 편으로 집짓기를 시작하였다.

이번 3집 시집을 다시 정리하게 된 동기는 나의 존재의미를 확인시켜 줌과 동시에 삶의 새로운 이정표를 세우는 계기를 마련하기 위해 여러 해 동안 써 왔던 글을 다시 정리하였다. 아울러 세상 사람들, 사랑하는 젊은 학생들 그리고 저의 지인들 마지막으로 이 시를 한 줄이라도 읽어 주는 독자들에게 따뜻한 사랑의 글을 드림에 감사합니다.

2022. 12.
興地 이제홍 드림

차 례

서문 5

단골집 13
국밥 그리고 소주한잔 15
내 꽃이 피는 겨울에는 17
날 18
가을 꽃 19
변화 21
그냥 이대로 22
내일 23
궁금 24
그냥 그렇게 여정 25
눈 26
가정교육 27
엉터리 기사 28
이제야 내가 너에게 29
그만해라 30
달팽이 슬픔 31
오는가 가는가 32
제홍이의 세상 생각 33
반딧불 35
거름이라도 되어 주세요 37
똥파리 친구 39

신민주운동 41
각개전투 43
학자 44
편승 45
아직도 끝나지 않은 내전 46
미성숙 청년 48
사랑(1) 50
아직도 사랑? 52
아마추어 집단주의 54
자유? 56
지도자론 58
봄꿈 60
탈피 62
말 64
혼돈 66
대통령론 68
여름 70
꽃잔 71
여자의 얼굴 73
자정 74
첫사랑 75
꿈 77
달 밤 79
가을 81
들국화 82

나의 일기 84
들려주고 싶은 마지막 말 86
아주 작은 꽃 88
별 90
비오는 날에는 92
--욕 94
벚꽃 96
인생(1) 98
비가 오면 101
꽃의 서 103
키스를 부르는 노래 105
빗소리 107
욕의 철학 110
국밥, 소주 그리고 나 113
꿈, 지나고 나니, 바람이었다 115
꽃 그리고 사람 117
수작 118
비겁하다 120
내 생각 124
회상 길 125
지난 자화상 127
삶 130
내가 좋아하는 노래가사
- 바람의 노래(조용필, 김순곤) - 132
벌써 134

봄 135
소소한 하루 136
쥐새끼 137
손 편지 138
나 사랑 139
나에게 보내는 편지 141
야설 144
역린 146
감사 148
서시 151
역민 153
남자 그리고... 158
오늘 160
여인 162
노숙자 철학 164
못 난 놈 166
밤열차 167
남겨진 여운 169
열망 170
그리움 171
긴 여정 172
싸움 173
짊어진 삶 175
날마다 편지를 쓴다 176
달빛의 미소 177

등불 178
학 179
달맞이 180
꽃잎 배 181
산을 바라보며 182
들꽃 183
무지개 184
이슬비 185
고향으로 가는 길 186
我 제국 187
이산 저산에 188
이 세상 저 세상 189
겨울 달빛 190
물결 191
사랑(2) 192
편지(1) 193
편지(2) 195
편지(3) 197
편지(4) 199
편지(5) 201
달 203
어머니 204
민들레 마음 205
시계 추 207
사랑(3) 208

단골집

어스름 별빛 내리는 시간
천장 낮은 집으로
들어선다

친숙한 벽지
거무튀튀한
천장 형광 등 주점에
고소한 내음이 흘러나와
첫눈 털며
들어선다

옛날 그 옛날에
들어섰던 마음으로
오늘도
십 수년 그리움으로
들어선다

낯익은 얼굴에
곱디고운 분칠하고
눈가 주름살 미소 띤
나의 여인이 되어
살포시 껴안는다

하룻밤 묵어도
좋을 지고.....

(21.12.24)

국밥 그리고 소주한잔

때가 되니
어둠 내리고
찬바람에
비까지 내리고

나그네들의
종착역이자
기차 길 옆 국밥집으로
습관적으로
들어선다

하루의 고단함을
일주일을
정리하고 난 후

내가 나를 위해
한잔 따르고
내가 나를
가슴으로 위로하며
건배를 한다

때가 되니
자리에서 일어나며
비틀거리며
어둠 속으로 사라진다

오늘도
국밥에 소주 한잔으로
위로 받는다.

(21.11.11)

내 꽃이 피는 겨울에는

내 꽃이 피는 겨울에는
하얀 눈을 맞으며
뜨거운 가슴으로 열정을 담는다.

내 꽃이 피는 겨울에는
높은 하늘까지 올라가
뜨겁게 피어나는
열기를 퍼트린다.

(2001.12.20.)

날

낮이 길면
밤이 짧아지고
밤이 길면
낮이 짧아지고

길면 긴 대로
짧으면 짧은 대로
부딪치며 살아가야
굳은 살 베겨
오래 사랑하지요

그래야
긴 날 서로
마주 보고 가지요

(22.10.25)

가을 꽃

여기 저기
흔들리는 것은
바람소리 뿐인데
바람 따라가다 보니
저들에
햇살받은
노랗고, 하얀
들국화를 만났네요

높이 나는 새 바라보고
함께 날으려다 멈춰
자기가 품고 있는 향기를
펄럭이는 새 깃 사이로
스며들고 있네요

여름이 지난 후
오랫만에 만나니
눈엔 고혹적인 모습으로
가슴엔
꽃 향기로 다가오네요

아름답네요.
그 향기와 자태가.,.

(22.10.25)

변화

날마다
날마다
보고, 읽고, 사색하고
사랑하고, 느끼고
그리고
이별하고, 아파해야 한다

왜냐하면,
세상은 춤추 듯
시시각각으로
변하기 때문이다

(22.1.21)

그냥 이대로

익어가기 싫고
차라리
어설피 설익은
떫은 감이고 싶다.

(21.10.5)

내일

이제부터라도
뜨거운 청춘을 빌려서
꺼지지 않는
숯불처럼 살아가런다

이 여정에
당신도 동행해야 한다.

(21.10.5)

궁금

기차길 옆
간간히 보이는 불빛 스치고
사람사는 곳이라 하고
그 속에 사는 사람들
무슨 꿍꿍이를 하는지
알 수 없어요

사람사는 곳
다 같다고 하지만

내 아닌
다른 사람들 꿍꿍이를
엿보고 싶은 게
당연지사인지라

타인의 일상에
의문표를 달아 놓는다.

(21.12.23)

그냥 그렇게 여정

마음 여행을 하자
긴 인생 짧아만 간다

이제
남은 여정 어디에 둘 것인가
알 수 없어
차라리
열차 좁은 좌석에
비틀어 앉아
떠나보자

더 늦기 전에...

도착지를 그리워하지 말고
목적없이
떠나자

(21.12.27)

눈

눈이 내리는구나
속삭이듯 다가오니

또 반복하듯이
마음 설레이게 하네

겨울 눈
나의 과거를
더욱
그리워했던 과거를
설레이게 했던 그날을
되살리는

겨울만의
이야기를 하고 있네

말없이 내리면서...

(22.1.9.)

가정교육

가정은 질서와 규칙이
할아버지 그 할아버지,
아버지로 부터
너에게 스며들었다

어느새 너는
세상 속세의 땟 국물로
둘러 쌓이니
할아버지 그 할아버지, 아버지 흔적이
사라지고 있다.

그러면서
호로자식되어
한쪽 심장 만으로
세상을 재단하고 있다

천벌을 받을 것이다.

(22.2.8.)

엉터리 기사

우리 할아버지께서
써놓고 가신 책자를
허투루 보고

아무 생각없이
갈겨쓴 글에
똥물을 뒤집어 쓰고
지랄같이 흔적 남기고
그만해라 한다. 그러며

내가 너에게도
한마디 한다.
흔들리는 한지에
함부로
문자를 남기지 마라

그러다
천벌 받을 거다.

(22.2.11)

이제야 내가 너에게

60이 되어서야
내가 너에게

밤에 술 한잔 하고서야
내가 너에게

아침이 되니
이슬을 밟고서야

붉은 빛 얼굴로
살짝
내가 너에게

기어이
'사랑한다'고 한다.

(22.2.18)

그만해라

바람결은
계곡따라 가고

사람은
순리대로 살아가고

너희 마음대로
질서를 거스리며

밤에 탐욕의 절정을
맛보면
천벌 받을 거다

그만해라.

(22.2.19)

달팽이 슬픔

근거도 없이
사실도 아닌
또한
이야기 한 줄
도려내어 왜곡하고
무작정 살포하여

나뭇잎 위
달팽이를 살해 한다

천벌 받을 것이다.

(22.2.24)

오는가 가는가

바람이
햇살이
꿈틀 거리며
피부에 와 닿는다.

봄이 오는가 보다

아직 남겨진
겨울 끄트머리는
슬퍼하는 모습을 남기며
떠나간다

서로가 서로에게
긴 사연을 남기며
이별한다.

(22.3.7)

제홍이의 세상 생각

옳은가 그른가는
바람이 동에서 서로
남에서 북으로 부는 것과
차원이 다르지 않는가

선을 동서로 긋고
남북으로 선을 긋고
옳고 그른 것을
한톨 한톨 집어
구분하여 놓으면
삶의 회전이 명확해진다

어떻게 생각하고, 행동하고
살아야 하는 지를...

과거로 퇴행할지
미래 도시에 남을지를...

나는 너에게서 보았다
겉으로
속셈으로
이미 타락했다는 것을...

허구가 집어 삼킨 영혼은
기어이
불타 재가되어 없을 질 것이라는 것을...

(22.3.11)

반딧불

있는 그대로
바람이 불면 부는 대로
비가 내리면 내리는 대로
눈 오면 오는 대로
그대로 두어야지
시간 지나면
순리대로 적응할진데…

자연을
그렇게 모질게 찍어 대니
눈물흐리고
신음내니

어둠 속 반딧불은
깊고 더 깊은 숲속으로
이사 간다

이 터전이
더 이상 터지기 전에
반딧불 꽁무니를
붙들어
고요한 어둠을 지키는
공기를 지켜야지요.

(22.3.11)

거름이라도 되어 주세요

그대여!
그대들의 삶을
내 인정해 드릴께요

제발
그대들의 과거로
돌아가
청춘에 머무르지 마십시오

이제는
세상바람에
세상유혹에
그대만의 아집에
흔들리지 말고
그대들 10대 애들
손잡고
허리 곧게 펴고
옳고 그른 세상을
이끌고 가시지요

얼마 남지 않은 삶
앞으로 살아가는
청춘길 앞에서
훼방 놓지 말고

고요한 몸짓으로
기름진 토양을
역사의 길 옆
코스모스가 되어 주시지요

제발
아집을
탐욕을
이 땅 깊은 곳에
산화시켜

먼훗날
청춘의 새싹에 거름이라고 되어 주세요.

제발...

(22.3.11)

똥파리 친구

죽어가며
똥 싸고 가지마라
똥파리가 들끓는다

하얀 수의가 아깝다
아침 이슬 맞으며
가는 길까지 더럽다

그렇게 탐욕을
되물려 주며
썩은 도시 한 복판에서
작두차고
피물들이는
노악의 영혼이 되지 마라

떠나라
썩은 몸에 붙은
똥파리를 대리고
떠나라

더 이상
신성한 이승을
물들이지 마라
떠나
얼씬하지 마라

늙어가는 모습이
추하고
냄새 나는 도다.

(22.3.12)

신민주운동

민주를 위해
피를 나누어 마시고
차디찬 공간에서
살았던

그런데
부유와
부패의 덫에 걸린
자식을 구하기 위해
또
차디찬 공간을
찾았다.

독한 왜곡으로 눈물 흐리고
바이러스에
입이 막혀

또 긴여정의 뚝을 건너
이념과 정의를
물려주려
나그네 길을 떠난다

이제는
옳고 그른
모순을 바로잡기 위해
새로운 동지를 찾기 위해
모아둔 피를 나누어 준다

또 시작이다.

(22.5.5)

각개전투

내가
우리가
각개전투하며 지킨 나라
너희가
왜?
삼키려 하는가

내가
우리가
최루탄 마시며 지킨 민주
너희가
왜?
되돌리려 하는가

흙탕물에 뒹굴어 보지 못하고
콧물, 눈물도 흘려보지 못한 놈

천벌 받을 새끼들...

(22.4.1)

학자

곡학아세 하지 마세요
굶어도
목에 칼이 들어와도
갈대 모습처럼만 하세요

바람에 잎새가
흔들릴지 몰라도
그
뿌리는
항상 그 자리에 있습니다

후손에게
지조를, 지식을 주는 선도자로서
세속에 흔들리면 안됩니다

곡학아세하지 마세요

그러다
천벌 받습니다.

(22.4.2)

편승

이제 일어나 떠나시지요
당신들이
앉을 자리가 아니거든요
나이 드니
간섭하고 싶어드나요

당신들은
이제
이 시대의
표상이 아니거든요
또한
늙어가니
방향성을 상실했나요

의리도
지조를 지킬의도가 없거들랑
계절따라 부는 바람에
몸을 싣고
유랑이라도 하든지요.

(22.4.4)

아직도 끝나지 않은 내전

내전은 시작되었다
경술국치 치욕은
바다건너
저놈들 부터 시작되었지만
아직도 내전이 계속되는 것은
장미 잎이 너무 아름다워
밟아버리는 내부에 있는
새끼들이다

해방되고
바다건너 배띄워 천벌내리는
우산을 쓰고 떠나갔지만

아직도
질기딘 질긴 놈들
순사로서
곡필로서
편법으로서
돈으로서

산하를 짓밟고
피로서 토양을 쌓고,
강물을 이루어 내는
애국자 몸에
진드기처럼 붙어
끊임없이
괴롭히고 있다

아직도
징그럽게
세상을 주물럭거려
사유화하려 하니
내가 참전해야 하는
역사의 전쟁터로 간다.

(22.4.9)

미성숙 청년

못 난 놈들
무엇이
소중하고,
소중하지 않은지를
천지구별 못하고
천방지축 날 뛰는구나

못 난 놈
어지러운 세상
그 중심이 되어
내일에 부는 회오리를
잠재워야 하는데…
곰팡이 한쪽에 붙어
썩은 향기와 동승하니
한심스럽도다

못 난 놈
아녀자를 이겨 보겠다고
갈라치기 하는 녀석의
세치혀에 놀아 나니
네희들이 앉은 방석은
가시방석이 될 거다

못 난 놈
평생 부모가 흘려준
꿀물이
너를 지킬 것이라는 환상은
곧
파리 떼의 배설물 되어
구덕이가 들끓을 것이로다

부모가
내려준 꿀물로
이전투구 터가 되고
영혼이 폐허가 되어
썩은
세상에서 뒹굴 것이다

정신차려라
이 세상은
너희 것이 아니다
그러다
천벌 받을 것이다

(22.4.8)

사랑(1)

이제
사랑은 없다

세월을 핑계로
그리워 했다는 이유 하나로
'사랑한다'라고 하는 것은
다른 이유가 있을 것이다

사랑은 떠났다
뒷 모습이
아름답다고
비오는 날 우산속 모습이
외롭다고
'사랑한다'고 하는 것
이미
사랑은 세월이 지난 만큼
멀리 떠나가고 있다

그래서
사랑이 없기에 쓸쓸하다
그래서
사랑이라고 생각한
격정후에는
허무하다

사랑은 없다
시계 바늘 회전한 만큼
잊혀지고 있다.
순간이다.
단지,
추억을 회상할 뿐이다.

(22.4.25)

아직도 사랑?

사랑은
사랑으로 풀고

외로움은
갈대의 흔들림에 일어나는
바람으로 풀고

가로등 아래 비틀거리며
그리워하는
슬픔은
어둠으로 풀고

옛사랑
잊기 위해
밤새 마신 술은
또 다른
추억을 잊기 위해
아침 새소리 소식으로 푼다

지나간 사랑
아직 못다 이룬 사랑은
또 다른
사랑으로 풀어낸다.

(22.4.25)

아마추어 집단주의

무섭다
무서워
부모형제 구별 못하고
천지간 구분 못하고
똥 오줌 분간 못하는
7세 아이처럼
사춘기 청소년 처럼
무섭다

어설픈
거친 생각이 모이니
세상 뒤집어 지고
그 것도 모르는
우리는
눈물을 마시면서도
배반도 잊고
바다건너 가는
바람에 나라를 보내도
배뚱아리만 두드리는
우리가 있다는 것이
슬프다

칼 춤을
집단으로 추고
군무 속에 숨어 있는
창의적 개인은
칼에 베인
슬픈 영혼과 육신으로
찢기고
모두가 떠난
무대에서
마지막까지
처절하게 버틴다

어설픈
떼거리들은
예서
마지막으로
막춤을 추며
그 흔적을 감춘다.

(22.5.8)

자유?

자유!

빼앗는 자유
억압하는 자유
탐닉하는 자유
역사가
말해주듯
자유를 말하는 자는
가진 자의 몫이었다

촌노는
본능적 생존으로
노숙자는
삶을 저장고에 넣고
나그네는
세상을 초월하니
자유를 알지도
느끼지도 못한다

도시 복판에서
시시각각으로
분주한 서민은
생존을 위해
자유를 누릴 시간을 망각한다

단,
자유를 이용한 자들에 의해
우리는 자유에
농락당하고 있다.

그들은
자유를 누리면서
편의주의적 자유를
행사한다

자유를 말하지 마라
그 자유는
우리에게 독재가 된다.

(22.5.15)

지도자론

지도자는
세련되고
그리고 정교해야 한다

품격을 몸에 품고
세심하고
조심스럽게
주위를 살펴야 한다

그래야
타인에게서 우리의 몫을
지킬 수 있을 테니까.

지도자는
살얼음을 걷듯
조심스레 걸어야 한다
그래야
물가에서 숨쉬는
물고기 아가미에
웃음을 줄 수 있기 때문이다

지도자는
세상의 이야기를 듣고
이름없는 들풀까지도
하나 하나
쓰다듬으며
하루 하루 일기를 써야한다

그러면서
해뜨는
내일을 또
걱정해야 한다.

(22.5.24)

봄꿈

들 위에서 노니는
아지랑이는
보이는 듯
보이지 않는 듯
땅 속 깊은 곳
저 먼 지평선위에서
선물하나 들고 온다

어서 와라 하면서
사랑을 기대하며
저 저 바다
저 들 모퉁이를 돌아오니
시간이 흘러 간 후
이제야
첫 사랑인 줄 알았다

세월은 거짓없이
다가오고
꿈은
어깨 너머로
어제처럼 오늘로 다가오니
나는
나이가 시간을 저울질해도
사랑의 꿈을 꾸고 있다.

봄에는
봄이 가기 전에
나는 날마다
사랑의 꿈을 꾸고 있다.

(22.5.25)

탈피

시원한 바람이 불어도
내
육신과 영혼에는
닦아낼 수 없는
두꺼운 곰팡이의 향연과
질주하는
콘크리트 길이 막혀 있어
더 이상
나아가지 못하고 있다.

언제부터인가
알 수 없는
침묵의 화살이
심장으로 다가오니
난
그 자리에 멈추고 말았다

이리 저리 휘돌아 보아도
내 심장에
장미 한송이 놓아 줄 사람없어
지나가는 사람에게
장미 한송이 부탁하며

세포의 벽을 깨어나오며
더러운 곰팡이
껍질을 깨 부스고,
그 찌꺼기 치워놓고

깨끗하게
발길 닿는 대로
가보세나.

(22.5.25)

말

오늘과
내일 사이에서
숙제를 하듯
한땀 한땀 이어가며
무거운 말을 이어간다.

살랑이는
버드나무 잎처럼
어떤 때는
땅속 깊이 누워 있는
바위처럼
어떤 때는
붓 끝자락에서
검붉은 피를 토해내듯

한음절로 노래한다

쉬어가는 터전에서
있는 듯
없는 듯 하며
미소로
대신하며
역사를 이어간다.

(22.5.25)

혼돈

너는
나는 비오는 날
토끼처럼
이리저리 숲속을
배회하누나

이 소나무
저 소나무 솔잎에
저 찔레꽃 가시에
찔리며
날마다
주저주저하누나

집으로 갈까
선술집으로 갈까
하얀 수염 붙잡고
밤 늦도록 배회하누나

아직도
나와 싸우다
너와 싸우다
싸움의 끝이 없고
질곡의 깊이는 더해가누나

어떤 산맥 계곡에서
만날까
한강일까
압록강일까
영상강인까
섬진강일까
저 끝 두만강일까

너나 모두
한곳으로 흘러 흘러
서해로
동해로
남해로
주저없이 떠나는 길에도
무속의 굿판이
세상을 점령하누나.

(22.5.25)

대통령론

배넷저고리 속
갓 태어난 아이품고 있는
엄마처럼...

흙속에서
마른 씨앗 뚫고 나온
봉숭아 새싹을 아우르는
햇살처럼...

보이는 듯
보이지 않는 듯
쓰러져가 듯
흔들리는
대나무 주위를 돌며
사랑하는
바람처럼...

날마다
부산하게
그리고 정교하게
아침 공기처럼
곳곳에 내려야 하나니

눈 떠 분주히
세상 두루 다듬다가
살아 있음을 느끼며
저녁 잠자리에 들 때까지
정성스레
조심스레
저 낭떨어지 너머
햇살까지도
품에 안아야 하나니

슬피우는
잡초의 숨소리를
우리가 사는 날까지
붙들고 가야 하는 것을......

(22.5.26)

여름

비가 내리는구나
신발 속
발가락 사이에서
젖은 여름이
여행을 가자고 한다.

(21.8.8)

꽃잔

어~허~어~어~

별 빛 받아 마셔
향기도 함께 마셔
취하니,
비틀거리는 발걸음 박자에
흥얼거리며
난
오늘도 기분좋다

내가 가는 어스름 길에
그냥, 아무의미 없이
네가 생각나니
꽃 잎 술잔으로
한 순배 돌아가며
취하고 싶다고요

꽃 잔에
비추는 너의
자태가 아름답게 보이니
이제 나도
늙어가며
세월의 뒤켠에 앉아
취하는 도다.
늙어가는 도다.

그냥, 아무 의미없이
너의 손으로
꽃 잔 받아
취하고 싶다고요.

(22.6.18)

여자의 얼굴

영국의 시인이자
작곡가인 Thomas Campion는
1567-1620에 세상에 얼굴을
잠깐 내밀었다.

그는
사랑하는 여자의 얼굴을 다음과 같이
묘사하였다.

"그녀의 얼굴엔
장미와 백합이 자라는 정원이 있다" 라고...

자정

썩는다.
썩어
산소는 고갈되고

밖에서 돌아 들어오는
바람의 노크소리를
무시하니
썩는다. 썩어

칼로 물을 베고
칼로 피를 먹고
칼 들고
단체 춤을 추니
바람은 멈춰버려
썩는다. 썩어

자정되지 않으니
그 속 생명은
하나 둘씩
죽는다. 죽어…

(22.9.8)

첫사랑

옛 사랑 그리며
너를 만나면
첫 사랑이었다고
주름살 진 말로
어설프게 다가가지

오늘 사랑도 못하면서
지난 사랑만 여기 저기 퍼트리고
의미 없는 말
소리바람에
떠어 날리고
첫 사랑이었다고
참!
어리석도다

나는 이제야,
60이 되어서야
첫사랑을
시작하였네.

지난 날
가슴에 묻고
새날 꺼내들어
우리
지금부터
돌 다리찾아
산책길 나서자

함께 갈거지?

(22.7.27)

꿈

산,
큰 산이든
작은 산이든
산이로고

높은 산은 가파른 능선이
굴곡진 내리막길이

작은 산은
작은 산대로
굽이 굽이 길이 있으니

결국
가고자 하는 쉼터는
하나로 통할진데....

이왕 나아가려면
가파른 길
열번을 쉬어 가더라도
높은 산으로
높은 산으로 가야

사람들 마음 한 가운데
자리 잡지요

그 곳이 정상이지요.

(22.8.22)

달 밤

초승 달이
보름 달 되고
보름 달이
그믐 달이 되듯이
밤하늘은
날마다 바뀌고
또 세상은
변하지 않는 것이 없네요

그러나
달과 밤
서로 그리워 할 것도 없이
가까이서 함께하며
밤이 없으면 달이 없고
달이 없으며 밤도 없듯이
변함없는 이치도 있네요

변함없는 것 속에서
바뀌고, 또 바뀌어
오늘은
어제와 같으면 안되고
또
내일은
오늘과 같으면 안 되듯이
날마다
바뀌고 또 바뀌어
한가위가 되었네요.

오늘이 만월이가봐요
또 한달 후
만월이 오면
그때도 우리는
풍성하게
사랑을 나누어야지요.

(22.9.9)

가을

가을이네요

눈에 보이는 건
단풍의 화려한 몸짓이

마음엔
허전한 공허함이

서로 어우르며
한잔으로
취하고 픈 계절이네요.

(22.10.24)

들국화

높이 나는 새 바라보고
함께 날려다 멈춰
자기가 품고 있는 향기를
펄럭이는 새 깃 사이로
스며들고 있네요

여기 저기
흔들리는 것은
바람소리뿐인데
바람따라 가다 보니

저 들에
햇살받은
노랗고, 하얀
들국화를 만났네요

여름이 지난 후
오랫만에 만나니
눈동자에 꽃 피고
향기로
가슴에 꽃이 다가 오네요.

아름답네요. 그 자태가.,,

(22.10.25)

나의 일기

반복되는
시간들이
간다 온다하지만

그 시간은
반복되지도 않고
가지도
오지도 않는다

그 자리에서
날마다 일기를
쓰고 있을 뿐이다

어제도 아니고
오늘도 아니고
봄도, 여름도 아니고
가을, 겨울도 아니고
단지, 오늘 기억을
세세히 쓰고 있을 뿐이다

계절이
바람을 싣고 오기도 하고
화조의 놀이터가 되기도 하고
고요속에 잠들기도 하지만
나는 날마다
오늘만
심장이 타도록
정열 시간을 보내고자 한다
그러면서
마침내, 오늘만
그 뜨거운 기억을
남기고자 한다

그 자리에서
맴도는 시간에서
탈출해보니
어제가 되고
기억이 되고 있을 뿐이다.
오늘 쓰는 일기는
뜨거움을 품고 있는
기억이어야 한다.

(21.12.6)

들려주고 싶은 마지막 말

사랑 그 것

잊어 버린 것도 아니고
잃어 버린 것도 아닌데

주저 주저하다
침묵으로 시간은
소멸되어 가고
어느새
날이 새어
가슴 품은 사랑은
되돌이 표가 되어
일상을 지배한다

나이가 드니
세월 흔적이
여러 곳에서 장벽이 되어
저 앞 바람에 날리는
목련 꽃 가까이에서
머뭇거린다

잠시
쉬었다가
숨 고르기를 하고 난 후,
마지막으로
목소리를 보낸다

사랑.....사랑.....
하는 거라고....

(21.11.26)

아주 작은 꽃

화려하고는
거리가 멀고
유혹하는
몸 짓도 없이
어디
뒷골목 돌담길에 숨어
아련히 숨쉬는 꽃

저 거친
들판을 휘젓는 바람에 숨어
눈물까지 흔들리며
서툰 몸짓을 하는
품어주고 싶은
작은 꽃

나이 들어
허리 굽은 세월에
가장 먼저 반겨주는

가만히 들여다 보면
너무 소름끼치도록
아름다운
너의 작은 흔들림

(21.9.8)

별

홀로 외롭거든
밤을 기다려여오
당신을 기다리는
외로운 녀석이 있을게요

그 녀석도 외롭기에
당신을 기다릴게요

어둠이 다가오면
차라리 불을 꺼 드리세요
당신을 달래줄
녀석이 빛을
가져다줄 거예요

밤이 되면
조용한 뒤뜰에
홀로 하여 보세요

그 때 녀석들은
당신 앞에 나타날 거예요
그러다가 별 꽃을 드릴거예요.

밤이 외롭다 하지 마세요
별 빛이
꽃 장식으로
당신을 위로 할 겁니다

(21.9.1)

비오는 날에는

소리가 먼저
다가오니
그 소리 아름답도다

귀가 열리고
눈을 뜨니
떨어질 듯 말 듯
처마에 걸린 빗 방울에
잠시 흥분하여 떤다

비가 오니
음습한 기운이
솟구치고
뒷 골목 선술집에
육신이 이끌려간다

그 곁에 오래 묵은
친구가 있다

비오는 날에는
가슴이 촉촉히 적셔온다
그 빈틈에
외로운 노래가사가
술잔에 떨어진다

(21.9.1)

--욕

만년 전
하늘에, 땅에
신전을 놓고
무릎을 꿇고
깊은 생각으로
읊조리고 있었지요

--욕을 놓으라고
탐욕, 성욕,
물욕, 권력욕

그리고 그 후손들에게
큰 소리로
신전 앞에
사랑과 자비를
놓고 떠났지요

결국

석가모니와 예수의 과제

실천하는 사랑 앞에 놓인 것은

--욕

(21.8.4)

벚꽃

바람 맞아
꽃잎
날릴 때가 가장 아름답다

햇살 맞아
반사될 때가
가장 아름답다

낮에
그 많은 사람들 말소리
밤에
그 많은 여인들 발자국
소리 들으며

숨 죽여
세상 한숨소리
다독여 주며

비 맞으며
떨어지면서까지
아침을 맞이하는
모습이 숭고하다

벚 꽃의 화려한
시절은
길어야 15일

빗 길에 쓰러져 있는
모습에
눈물이 난다.

(21.7.16)

인생(1)

시간위에 겹겹이 쌓여
수많은 사연이
화석되어
나의 증인이 되고 있다

상처와 아픔
그리고
고난과 역경
이별과 슬픔이
긴 굴곡의 터널에서
헤메이다가
여기 이 자리에서
또아리를 틀고 있다

파노라마 영상 깊은 곳에
심오하게 그려진
모습에서
난 또한 여기 이 자리에서
다시 자리를 털고 일어선다

그 자리에
땀 자국이 젖어 있어도
그 자리에
헐거워진 소파의
이야기가 있어도
흔적을 남겨두고
미련없이 새로운
시간에 몸을 맡긴다

늙어가는 시간표를
옆에 두고
바람에 실려 떠나가는
일기장 사연을
찬찬히 바라보며
날마다
반복되며 날아가는
시간을 보낸다

여기
조그만 동네 선술집에서
지금까지 쌓아온 아성에서
내려오고,
흙길, 돌길, 그리고
아스팔트 분진을 헤치고 온
흔적을 지우고 있다.

다시 새 바람을 맞으며
심장이 다시 뛰는 설레임으로
흰 여백의 공간을
다시 채우기 위해
잠시 쉬고 있다.

(21.7.6)

비가 오면

비가 오면
파전에 막걸리
닭발에 소주 한잔
그것 뿐일까!

더불어
따라오는 것이 있으니
지난 세월
품어 왔던 이루지 못한 꿈들
아픔들,
말하지 못했던 사랑과 함께

비가 오면
그냥
조용한 곳에서
아무 의미없이
홀로 취하고 싶다

비가 오면
다시
과거로부터
걷고 싶다.

(21.7.3)

꽃의 서

꽃과 나비
벌과 꽃
서로 생존하기 위해 공존하고
바람에 흩날리다가
비에 젖어 슬퍼하다가
지나가는
사람들을 붙잡는다

슬프냐
아프냐 그리고 묻는다
위로를 해 줄까?
기쁨을 줄까?

그 자리에서
춤을 추기도 하고
수줍은 미소를 띠기도 하고
벌거벗어 유혹하기도 하고
밤에만 빛내기도 하며
다가오는 사람들
가슴에 안긴다

나이 들어감에
화려하게 발광하는
꽃 보다
보일 듯 말 듯
알 수 없는 꽃이
아름답게 보이는 것은

사소한 세상이
소소한 역사를 그려 내듯
작고, 미세한 꽃들이
뒷 야산 언덕의 구릉을
빚어내기 때문일게다.

(21.6.23)

키스를 부르는 노래

(1)
조용한 거리에서
어스름한 인적드문
골목 모퉁이에서
서로 마주하며,
서 있다

젊다는 이유 하나 만으로도
거침없이 다가선다
주위는 아랑 곳 하지 않는다
서로의 감정에 충실한다
젊기 때문에..

(2)
햇살은 석양 노을 빛으로 채워지고
도시 건물 사이로
인적이 떠나가는 골목길에
음악소리가
적절히 이끄는 곳으로
찾아들고 있다

(3)
흐르는 분위기를 알기에
절차가 만든 달콤한 분위기를
알기에
격정의 노래든
부드러운 노래든
흐름의 느낌으로

부드럽게 그리고
알려주지도 않았는데...
그 노래 사이에
끼어들어
입맞춤을 공유한다.

(21.6.23)

빗소리

(1)
알 수 없는 곳에서
긴 사연을 하루종일 보내
나를 슬프게 한다

그칠 줄 모르는
통곡소리와 함께
눈물로 흐르고

그 소리는
어둠속 가로등 불빛 내리는
커피집에서, 홀로
상처를
보듬고, 다듬어 주기도 하고
아름다운 조각상을 만들고
천상의 울림으로 들려주기도 한다

(2)
오늘
머물고 있는 이 자리
사선의 틈새사이에
더욱 죽음보다 더 깊은
외로움이 보이며
침묵이 내려오는 슬픔에
나 어찌할 수 없이
밖으로 길 나선다

거리에 나와 보니
빗 사이의 슬픈 연인들을
예감이라도 하듯
빗방울 거두어 들이는
어느 맥주집으로 들어선다

(3)
그 여인들
따로 우산을 펼쳐들고
갈길 바쁜 사람들 속으로
멀어지며
그들의 추억은
회상으로 남기고 있다

먼 훗날 되어
비 오는 날
맥주집 그 자리에서
세월의 흔적을
그려 내고 있다.

(21.5.17)

욕의 철학

크.크.크~
호.호.호~
음흉하다

후텁지근하다
고기압이다
짜증난다
난...

그런데 넌...
상쾌하니?

내 입에서
가시로 만든
쌍십자를 만들어
휘두른다

나쁜 새끼
개새끼
그리고
존 만놈
우리 친구 두*이가
자주 하는 소리다
그러면서
기분이 풀리는 모양이다

욕
친구끼리만 하자

이 새끼
저 새끼
씹**하며
그러면서 풀고 나서

성인군자인 척
발걸을 가볍게
집으로 향하자

욕...
크.크.크.~
흐.흐.흐
오늘, 난
쓰레기 이고 싶다

기분 좋은 너도
욕 한번 하며
혈압을 떨어트려

그러면서
공평해지자.

(21.5.13)

국밥, 소주 그리고 나

(1)
어스름
저녁이 오니
지나가는 빗방울 동반하여
국밥 집에 들려
소주 한병, 국밥
그리고 나와 마주한다
어둠에 스치는
소주잔에
옛 모습이 보인다

손님 없는
술상에 앉은
첫 사랑 닮은
사장님에
수작을 걸어 본다

(2)
어스름 어둠 걷히고
밤새 걷고, 또 걷다가
이슬비와 동반하여
새벽 국밥집에 들어선다
해장 술 한잔에
술잔에 부딪히는 빗살에
나와 마주하며
아침
첫사랑과 마주친다

이슬비 오는 아침
소주 한잔, 국밥
그리고
나와 첫사랑 빗살과
함께 일어선다

(21.5.13)

꿈, 지나고 나니, 바람이었다

오늘도
일어나니
무의식 중 일상이 되었다

지나가다
우연이
사랑을 만났다
바람같은 사랑이었다

쪽 빛 사이로
다가오는
화려한 색으로 피우는
꽃 잎도
계절에 밀려
또
외로운 노래소리였다

회오리에 휩쓸려
아픔의 현실에
또
장미가 맡겨둔 거리에
그 향기가
바람 꿈을 따라 간
헛된 세상이었다

잊어버린
잃어버린,
꿈,
잠에서 깨서보니
바람과 함께
지나가 버렸다

(21.5.13)

꽃 그리고 사람

꽃은
무릇 향기를 가지고
세상을
품어 왔지만

향기를 품은 사람은
칼로 꽃 향기를 자르고

그 꽃은
시간이 흐른 뒤에
어김 없이 다시
향기를 품고 온다.

(21.5.5)

수작

한때는
화려했지만
그 때가
그리워지는 날에는
어둠 속 다가오는
그림자를 기다리곤 했다

날이 새어
비틀거리는
자신을 부축하듯
햇살을 부여잡고 있다

꽃 피는 날에는
바람부는 날에는
이슬비가 내리는 날에는
외로워지는 날에는

단골 술집에
30년째
맡겨 놓은 화주를
기다리며
여인에게 주듯
손길 속에 담겨 있는
권주로
수작을 하고 싶소

손님이 다 떠난
백열등 아래
삐걱거리는 의자에 앉아
그 여인인
당신과
수작을 걸고 싶소

(21.4.27)

비겁하다

너를 두고 하는 말이다
사전적 의미로
"떳떳하지 못하고 겁이 많음"이다
너를 두고 비겁하다고 한다
동네 건달 아저씨도
혀를 내두른다
너의 그 어처구니 없는
삶 자체의 일상을 두고...

배운 놈이
논리도 없이
흥미거리도 없고
거짓과 위선으로
엮어내어
사류 소설을 쓰고 있으니
그 것도
밤 나방을 쫓아
홍등방에 앉아
술취한 체

여기 저기
거짓 소문을 모아다가
날 새기 전에
술 깨기전에
기울어진 글자를
던지고 난 후
발가벗은 뜨거운 욕정으로
휘갈겨 SNS로 흔들리는
세상 소식을 전하니
너의 행위는
천하디 천하고
세상을
배반하는 행위이다
이 자식들은
이 시대에
언제 바르게 글자를
세운적이 있었던가

이제
기대하지도 않는다
우리 이야기를 우리끼리
나누고 있다

부자들이 내다버린
욕정찌꺼기에
구더기 처럼 빌어 붙어
얻어 먹은 주제에
그래도 배웠다고
잘난척한다
비겁하게 말이다

게중
바르게 이야기를 찾고
조심스레 꾸며가는
어린아이가 있는데
독 가시로
맑은 공기방울을
일찍이 터트려

산화시켜 버리고 말았다
나쁜 녀석들...

비겁하다
참 비겁하다
이 녀석들에게는
나라도
겨레도
철학도 없고
오직
자폐 증세만 득세하고
있을 뿐이다
나쁜 녀석들....

너희들
오천년 세상에서
바른 글 한번이라도
써본 적이 있느냐.

(21.5.5)

내 생각

내 방에는 시계가 있소
내 방에는 거울이 있소
내방에는 달력이 있소

시계가 있어야
해 짐을 알고
거울이 있어야 더럽혀진
내 마음을 볼 수 있으며
달력이 있어야
철듦을 알 수 있기 때문이다.

나는 모든 것을 알고 싶소
그래야
필요없는 것을 버릴 수 있으니까
그래야
세상을 생태계 순리대로
사랑할 수 있으니까

(21.4.22)

회상 길

이 길이 아니어도 되는데,
왜? 굳이
이 길 만을 고집했을까?

인생, 여러 길이
바람따라 가는 길이 있는데
어설프게
왜? 오늘 길만을
고집피우며 걸어 왔을까?

아들, 딸에게 넌지시
삶을 이야기해도
듣지 않네요
나도
우리도 부모님 말을
허투루 들었겠지요

초승달 비추는 날에
인생 길을 다시 한번
되뇌이게 하네요

그렇게
오늘도 지나가네요
오늘 밤 길 가로등은
유난히 밝네요.

(21.4.21)

지난 자화상

나는, 이제
혼자 있는 시간에
지나가는 바람을 붙들고 있다

아주 작은 풀 꽃을
바라보고
'아름답다'라며
외로운 말을 하며
습관이된 기다리는 연습을 한다

어떻게 살아왔는 지도
어떻게 사랑했는 지도 모르고
어설피 지나가는 시간에
등짐을 맡겨 놓고
거칠게 살아왔던 날들을
되뇌이며
사랑하는 연습만 하고
살아왔는가 보다

나는
낮이나
밤이나 서투르게
앞 만보고
뒤돌아 볼 틈도 없이
사랑하는 것을
사치로만 여겼던 시절이
이제
소멸하고 있음을 안다

그렇게 살아왔던 날에
그렇게 사랑했던 시절이
치열했지만
그 바람 속에 숨은 나는
숨이 터질듯한 사랑했지만
꽃 길 사이에서 부는 바람만
바라볼 뿐
사랑한다는 말을 꽃송이에
깊이 묻고

가슴속에 향기를 숨겨두고
그 사랑 향기 주변을 맴돌았다

그때는 그랬지!
그때는 그랬지!

(21.4.13)

삶

누구나
어디로 갈 것인가
물어 보고, 또 물어 보아도
알 수 없는 것을…

수 많은 날을 셈하며
죽음의 문턱에서
다시 살아온 사람들 조차도
알 수 없는 것이
오늘인데

또 오늘 떠오르는
태양을 보며,
줄기차게 달리고 난 후,
지는 석양 빛 받아 앉고
무사히 견디어 왔음을
위로의 술잔을 들어

잘 살아 왔는가!
못 살아 왔는가를
기억하며 건배한다.

(21.4.10)

내가 좋아하는 노래가사
- 바람의 노래(조용필, 김순곤) -

내가 좋아하는 가수 조용필!
"바람의 노래" 노랫말
그는 진정 위대한 노래하는 시인인가

난!
그 가슴으로 토해낸
사연을 따라 연무와 함께 섞어
나와 동일화 해 본다.
특히,
가사내용 중

"살면서 듣게 될까
언젠가는 바람의 노래를…"
"세월가면 알게 될까
꽃이 지는 이유를…"

쉬이 표현할 수 없는 가사로
감동을 주는 언어이다.

그리고
나의 삶에서
느끼고 체험하며, 살아왔던 내용 즉,

"보다 많은 실패와 고뇌의 시간이
비켜갈 수 없다는 걸
우린 깨달았네"

"이제 그 해답이 사랑이라면
나는 이 세상 모든 것들을
사랑하겠네…"

이제야 알겠네 그 의미를…..

(22.11.3)

벌써

벌써
개나리 꽃잎이
잎새에 숨고
그 잎새는 아침 바람에
흔들거린다

해뜨는 시간에
일찍 일어나
상념없는 거리를 걸어본다

"어느덧"이라든지
"벌써"라든지 하는
단어가 문뜩 떠오른다

아침 바람이 상쾌하다

(2021.4.2.)

봄

버드나무 어린 잎이
지나가는 바람에
잎 맞춤하고

민들레 새싹이
피어오르는
아지랑이 사이에서
노란 사랑을 예고한다

어여뻐
나들이 채비하는
나비들은
봄 볕에 몸을 맡겨
또 다른
사랑을 한다.

(21.3.22)

소소한 하루

해가 지니
하늘은
노랗게 물들고

메모지 위에
펜을 놓고
자리를 정리한다.
오늘
열심히 살았노라고
수고했노라고
위로하며
길을 나서며

조그만 국밥집으로 들어선다.
반겨주는 아줌마께서
내미는 소주잔을 받아들며
어설픈 수작을 부려본다.

조그만 여유가 있어 좋다.

(21.3.17)

쥐새끼

쥐새끼는
더러운 시궁창에서 살지만
그 곳이
가장 깨끗한 줄 알고

쉬리는
가장 맑은 계곡에서 살지만
그 곳이
가장 깨끗한 줄 모른다

(21.3.5)

손 편지

참! 멀리에서 왔네요
날마다 꼼꼼이 적은
손 편지가
바람부는 세월따라 왔네요

어디서 왔는지
문 두드리는 소리에
잠시 깨어 보니
어제 놓고 왔던 흔적이
소포로 도착했네요

그 앨범에는
꿈이라고 쓰여져 있어
이제는
"망설이지 말자"
"사랑하자"
그리고
또 "사랑하자"
"세상을 사랑하자"고
그날이 오늘부터라고...

(21.2.12)

나 사랑

나를 사랑하며
내가 나를
구박하면서
눈물을 먹었다

내가 나를 껴안고 있어 본 적이
한번도 없었다
나는 언제나
타인을 포옹하며
위로 받은 줄 알았지만
항상 공허한 뒤태를
보이며 밤잠을 자곤했다

나는 나를
사랑해본
적이 있는가!
'없다'이다
사랑기억을 토해내는 습관은
타인과 함께한 일상이었고
내 영혼을 언제나 홀로였다
외로웠다

나에게 오는 외로움
섣불리 내동댕이 치고
온전히 가슴 채우며 다가오는
나를 거부하는 오늘이 많았다

곤란한 빈곤이
허허롭게 올 때
가끔
나를 사랑하는 법을 배운다

(21.2.3)

나에게 보내는 편지

햇살이 내리는 어느날
항상
멀리만 바라보고
타인의 웃음소리에
귀 기울이며
온전히 살아 온 나날들을
회상하고 있다.

꽃 피던 시절에
만상을 즐기며
눈발 내리는 날
발걸음은 지칠줄 모르고
세상을 누비며 왔다

집 떠난 후로부터
덧댄 헝겊 사이로
아픈 상처 눈물 보이고
쉬이 가리라던 생각에
어설픈 질주로
여기저기 부딪치며
배고픈 나그네가 된 적도 있다

얼마나
긴 시간이 흘렀는지 모르고
어디까지 걸어 왔는지 알 수 없고
또
얼마나 가야하는지
앞으로
평온한 발자국을 내 딛을런지
숨막히는 숲속으로 갈런지
저 달빛 아래 그림자만이
알 수 있는 것을…

나에게 보내는 편지를
네에게도 보내려고 한다
내가 가진 시간과
네가 가진 시간을
서로 공감하 듯

사랑이 바람타고 온 것처럼
잊혀지지 않은 아픔을
추억으로 남기고
수고했다. 그리고 사랑한다
내 생애 처음으로
여기 쉼터에서 잠시 쉬며
나에 보내는
편지를 쓰고 있다

수고했다.
그리고 사랑한다.

(21.1.22)

야설

어둠
그리고 가로등
그 사이를 질투라도 하듯
너울거리는 모습으로
하얗게 빛을 발하며
다가온다

어둠이 내리고
사람들 처마 안
아랫 목에 들고
지나는 낙엽도 숨 죽이니
잠시
한눈을 팔다 보니
그대로 쌓여
발자국 하나 없다

어디서 나타났는지
처녀 총각의
나란한
뒷 모습에
잠시 비켜섰다가
다시
순백의 순결한 청춘을 덮는다

내일 해뜨기 전에
누구도 걷지 않았던 길을
햇살이 침범하기 전에
서정의 노래를
순결의 노래를
맘껏 불러야겠다.

(21.1.6)

역린

역겹다
가증스럽다

세상을 혼탁하게 하다가
세상을 시끄럽게 하다가
세상을 불안하게 하다가
그러다가
큰 재앙을 맞을 것이다

가끔 하늘 한번 쳐다보라
그리고
두눈을 감아 명상을 해라
그래서
부끄럽거든
그 자리에서 움직이지 마라

그 것이 너의 몫이다

역린하지 마라

만백성이 울부짖을 때
환상의 꽃병 꽃들
가면위에 핀 꽃들은
마침내
불태워 질 것이다.

(21.1.6)

감사

그동안
제 곁에 있어 주어서 감사합니다

같은 식탁에서
담소하며,
된장국에 시금치,
콩나물을 공유해 주셔서 감사합니다

술 한잔을 나누어 마시며
내 생각에 공감하며
밤새 눈 내리는 풍경을
함께 바라보아 주어서
감사드립니다

추운 겨울날
함께 걸어가며
지나가는 공기를 마시며
다음 정거장까지 걸어가 주어서
감사합니다

내 인생에
살아가는 동안에
세찬 비바람을 맞아주며
떨어지는 낙엽 바라보며
침묵의 시간을 함께해 주어서
감사합니다

사소한 말다툼으로
서리밭 같은 감정이 쌓여도
뒤돌아서서
아지랑이 피어오르는 날에
함께 해 주어서
감사합니다

이제
바라는 것이 무엇이 있을까요
곁에 있어
내 이야기 듣고
공감해주면
더 이상 바라는 것이 없겠네요.

그리고
감사합니다.

(20.12.31)

서시

흰 백지 앞에 놓고
한 참 명상을 한다
형광등을 잠시 끄고
촛불을 켜며
몸 매무새를 다 잡는다

어제
어디까지 썼나
내 이야기를...
마지막 단어를 회상하며
유행이 지난 펜을 하나 꺼내든다

명상과 침묵 그리고
고요함이
분위기에 스며들 때
부끄럽지 않게,
한 글 한 글 이어가며
마침표를 향해
프롤로그 여정을 시작한다

한기가 서린
겨울 밤에
저기 어둠보다 더 진한
흑막이 엄습해 올때
손 시림이 느껴져
밤새 바라보았던 세상을
아침이 되어서야
인생의 서시를
햇살 앞으로 띄어 보낸다.

(21.1.1)

역민

3.1 독립운동
일본에 빼앗긴
백성의
자주, 민주, 인권을
해가 지기전에 가져오는 것이요

외로운 5.3,
외로운 땅,
알 수 없는 이유로
죽어가는 외로움
아직도 외롭구나
아직도 외로운 눈물을
품지 못하는구나

4.19는
아직도 이 땅에 남겨진
사악한 탐욕스런
친일 잔재로 흐트러진 세상을
그리고
독재로 앗아간
피골이 상접한 백성의 영혼을
민주와 인권 아직도
못 이룬 꿈이로고

또한 5.18은 광주동족을
총칼로 죽음으로
아무 이유없이 피를 보아야 했던
백성의 자존을 짓 밟고
인권을 앗아가고
슬픈 여운이
서울까지 상경해
6.26까지 다달았으니
그 몫은 다했나요
아직도 슬프다오

4.16 수백 어린학생이
이유없이
침몰하는 뱃속에서
통곡의 눈물을 지을 때
숨기고, 거짓으로 낭독하고
작동하지 않은 세력들은
아직도 진실을 숨기려고
살아가는 백성의 피눈물을 본다

코로나 19와 동행한
법과 제도로
주어진 권한으로
칼을 쥐고 망나니 칼춤으로
인권을 말살하고
동조하는 세력이
민주주의를 말살하며
세상을 혼탁하게 하는다

그 중에서
1919년
3.1독립운동에서 부터
2021년까지
100여년의 세월동안
백성의 반대에서
역민의 세력이
조국을 혼탁하게 하였으니
이를 어찌 용서할 수 있으리요

그들에게 단죄를
내려야 함에도
이념이라는 혼란의 너울을 씌워
분탕질 치며
시간 속에서 망각하게 한다

문자를 모르는
촌노도 무엇이 옳은지
무엇이 그른지
다 알진데
그들만 모른다고 하니
분명코 그 뒷면에는
그들만의 카르텔이 있으니
그들만의 탐욕으로
백성의 영혼을 제거하여
악마들의 천국으로 만들 속셈이다

어찌
옳고 그름이 명확한데

역사적으로
그 괘가 아직도
돌고, 돌고 있네...

(2020.12.26.)

남자 그리고...

버려진 듯
외로워하며
갈대 울음소리에
미친 듯 하며
골목길로 스며들고 있다

어스름 달빛 맞으며
비스듬하게 걸린
옛 간판 아래
미닫이 문을 열고
들어선다

아무도 없다
주인 아주머니의
멋적은 웃음 소리가
오늘 시대를 보여주고 있다

당당했던 시절
으시대던 시절
밤새 술로

객기부리던 시절이
오늘 앞에 서 있다
그리고
철 지난 옷을 입은
아주머니의
소주잔을 받아 든다

나는
선술집을 나서며
주머니에서
포장된 향수를 꺼내
아주머니 손에 놓고
나온다.

첫 사랑이기에...

가을에
이 가을에
나는 남자이고 싶다.

(20.11.19)

오늘

수고 했어요. 오늘
기다리고 있었어요. 오늘
내일이 오늘이 되면
오늘 또
내일을 기다릴래요
그렇게 세월이 흘러갑니다.

천상에서 내려준, 오늘
비도 내리고
이슬도, 서리도 내리고
눈도 내리고
그러면서
계절을 맞이 한다

봄 비,
여름 폭우
가을 서리
겨울 눈 내리고
아침이면 이슬이 내린다

그러면서
이슬방울 어루어 만지듯
첫사랑을 조심스레 터트린다

오늘도 수고했어요
세상을 사랑하느라
수고했어요.

(20.11.13)

여인

차가운 바람이 분다
가을인데
우리라고 외롭지 않겠는가
우린
이 계절에
어머니가 아니고
여인이고 싶다

들국화라도 좋다
거칠게 꺾어
신문지에 포장하여
내 손에 쥐어 주었으면
좋겠다

중년이 되니
홀로하는 공간에는
휭하니 부는
바람소리만이
벗이 되고 있다

가을이라고
남자들의 계절인가
여인네의
가슴에도 가을이 있다

우리도
이 스산한 계절에
따뜻하게 위로 받고 싶다

(20.10.29)

노숙자 철학

해지니
햇빛 사라지니
노래소리라도 들렸으면..

어제 화려했던
삶의 공간에서
햇볕 사라진
뒷골목에서

반쯤 잘려져 나간
고전을 읽고
아쉬움 남겨두고
고요한 틈 바구니 속에서
이제야
노래 소리 들리니
마음의 안식을 찾는다

삶의 흔적이
지워져 버려
축제 뒤에 나뒹구는
꽃잎을 주워다가
나머지 시간의
축성을 쌓는다

살아 있음을 느끼며
노숙자는 그래도
일상을
계획한다

그러는 당신은?

(20.10.20)

못 난 놈

어색해지기 싫어
무언으로,
의미만으로 다가갔다

오늘
내일 하다가
상실의 시간이 못 내
아쉬워
영혼만으로 그 간극을
좁혀갔다

못난 놈!

(20.9.18)

밤열차

몸을 누이는 곳
어둠이 주변을 가두지만
마음이 자유로워지는 곳

별도 따고
도시 불빛도 따고
마음대로 영혼을 다스리며
만나기도 하고
사랑도 하고
이별하기도 하며
이 공간을 유영한다

참 이상하기도 하다
스치는 창 바깥이
어두워 보이지 않지만
눈감고 있어도
보이는 것은
그동안 감추어 놓았던
아름다웠던 기억 세상을
꺼내놓고 관조하기 때문이다

이 밤에 출발하는 열차 안에서
만남을 꺼내놓고
사랑을 꺼내놓고
설레이는 내일을 꺼내놓고
나는야
밤꽃을 피우고 있다
향기없는
담백한 밤꽃을 피우고 있다

(20.9.18)

남겨진 여운

귀뚜라미가 울기 전에
한 세상이 끝나버렸다.
그때는 이미 매미가 울고 있었고
한 세상은 끝난 뒤였다.

누구든지 아무생각 없이
세상은 끝났다고
가슴속 세상이 끝났다고
외치는 사람은 죽었다.

아직도
세상이 살아 있다고 부르짖는
못난 사람이 있었다.
그 사람은 가냘픈 손으로
꽃밭을 가꾸고 있다.

당신 가슴에는
지금 세상이
살아 숨 쉬고 있다.

(97.7.23)

열망

높은 산허리에서 솟아난
작은 봉오리들 사이로
조그만 연못이 있다.
한모금 물을 떠 마시면
푸른 하늘이 눈속으로
빨려 들어온다

잠시 갈증을 달래며
몸속에서 맞이하는 정기를
가슴 한복판에 담아둔다

다리를 산 능선에 기댄채 힘겹게 일어나
마지막 큰 봉오리 응시하며
한 발자국 한 발자국
내 딛는다

마지막 정상에 올라서면
또 다시 찾아 나설
봉오리를 바라본다.

(97.8.23)

그리움

세상 아래 떠 흐르는
검은 눈동자는
한 곳에 정지해 있다.

눈동자 바라보다
잠이 든 사이에 떠난
잔영을 그리며
눈동자 끝은
먼 곳에 머물러 있다.

당신 모습 바라보며
사랑은 아직도 침잠하고 있다.

(97.10.22)

긴 여정

받아줄 수 없다 하여도
심장 고동치듯 소리내어 본다.

내일 한순간에
한순간을 위해
한동안 짜낸 실타레 끝을 바라보며
하루를 정리해 본다.

꼼꼼히 엮으며 살아온 날들이
어제와 오늘이 동일한데
오늘도 지나쳐 버린다.

똑 같은 시간을 살아가며
순간에 쏟는 정열이
길게만 느껴진다.

(98.3.22)

싸움

하루도,
오늘 하루도
가슴속에서 타오르는 불씨는
한번도 꺼져 본 적이 없다

반복되는 그리움을
마음으로 기다리며
스스로 지쳐버리고 말았다

날마다 그리워했다
언제나 끓는 심장과 부딪쳐 싸우며
패배자의 모습으로 되돌아 섰다

마음이 서로 싸우다
하나가 지쳐 쓰러질때
얼굴은 어색하게 창백해지고
슬픈 움직임은
그 자리에서 빙빙돌며
하늘 땅을 바라보고 있다

나는 날마다 생각한다.
나는 두 마음으로 항상 싸우고 있다고...

(98.5.2)

짊어진 삶

빛 사이로 내닫는 세상은
우리 사람들의
기쁨이었고
슬픔이었고
아름다움이었다

희망을 가슴으로
품어내지 못하면
사람들은
죽어 가는 연습만 반복할 것인데
저버린 희망을 간직하며, 아직도
파도에 몸을 내맡긴 채 표류하고 있다.

(98.6.26)

날마다 편지를 쓴다

나는 날마다 편지를 쓴다.
그리고
거리의 빨간 전령자 옆에서 서성이다
호주머니 속으로 다시 넣는다.
그리고 뒤돌아 선다

나는 날마다 편지를 쓴다.
먼발치서 비둘기 먹이통 바라보다가
사방에 널려져 있는 언어들을
마지막 가는 길손님에 맡긴다

나는 날마다 편지를 쓴다
못다한 말들을 조각한 후
바람이 부는 방향으로 던져버린다

나는 날마다 편지를 쓴다.
마지막 길목에서 기다리는 편지를 쓴다

(98.12.7)

달빛의 미소

강둑에 나란히
버드나무 가지가 흔들린다
그 속에서
그 어둠 속에서도
빛이 내리어
강물을 비추어낸다
그 속에서
그 어둠 속에서도
가지사이로 어둠 꽃을 피운다

이 모든 풍경화 사이를 두고
웃는 모습이 있다.

(2001.6.13)

등불

어둠을 촛불에 맞추어 불사르고 있다.

망망대해의 등대도
한 여름밤의 개똥벌레도
산사에 걸린 연등도
산능선 교회 십자가도
어둠을 밝히고 있다

어느덧 보일 듯 말 듯
사자졌다 나타나고
이산 저산에서 나타나는
불빛들이 산화하고 있다.

(2001.6.14)

학

노송과 대화하며
노송에 기대어 있다가
노송이 그리워하는 님을
물어다 준다

긴목을 뽑으며
세상 둥글게 그려내며
날개짓으로 껴안는다.

그렇게 많은 고통을 이겨내고
참 미소로 기억되는 날이
너에게서 느껴진다.

(2001.6.14)

달맞이

어깨에 어깨를 껴안고
원을 그려내다
서로 흩어져 찾아내는
놀이를 한다.

그 어둠 속에서
짚더미 속에 숨어
고개를 내밀면
하늘에서 쏜살같이
헤집고 품안으로 뛰어든다.

그냥 하늘 향해 잠들고 싶다.

(2001.6.20)

꽃잎 배

냇가에서
비가 내린 후 냇가에서
졸졸 흐르다 돌맹이 하나에 걸려
비켜 내려간다.

그 사이 사이에서
발 장단에 맞추어
춤추는 꽃잎이 하나 있다.

그 꽃잎 뒤에서는
예쁜 꽃잎배가 흔들거린다.

(2001.6.20.)

산을 바라보며

산을 바라보고
나는 서 있을 거요

푸르른 솔잎을 보고
서 있을 거요

수억년 동안
오직 한곳에서
과거를 현재로 토해내며
저 산위에서 살아 있는
푸른 잎을 보고 서 있을 거요

내일도 푸른 산을 바라볼 거예요.

그러다
산에 오를 거예요.

(2001.6.20.)

들꽃

바람에
비에
눈에
그리고 따가운 햇볕에
노출되어 있다.

쓰러지면서도 모든 것을 껴안고
더욱 빛을 발한다.

한 갓 들꽃이지만
사랑도 할 줄 안다.

(2001.6.21)

무지개

당신은 무지개
나는 오직 당신만을 쫓아가네요
그럴수록 당신은 멀어져 가네요

이 개울에서
저 개울로
반원을 이어가며
아름답게 피어나
나는 오늘도 쫓아 가네요

(2001.6.21)

이슬비

봄에도
가을에도
세찬 비바람은
불지 않습니다

슬며시 내리면서
아침 저녁으로
이슬비가 됩니다

있으라고 하네요

그 자리에 있으라는
이슬비가 되네요.

(2001.6.21.)

고향으로 가는 길

오고 가다
만났을 법도 한데
지금까지
먼 곳에 와서
또 한 거리를 걷고 있었다

그토록 방황하다가
그토록 힘겹게 외로워하다가
한 고향으로 가는 길목에서 만났다.

(2001.6.28.)

我 제국

공간
숨소리
아직도 살아 숨 쉬는 생명이 있다

투명하게 감싸고 있는
이슬 막 속에서
아름다운 세상을 그려왔다

햇볕 새어 질주하는 화살에
터지는 듯한 이른 아침
그날이 오기까지
나는 조용히 움직이고 있을 거요

아! 나의 제국
이젠 더 이상
이슬속 세상은 없을 거요

더 넓은 세상을 향해
두 손을 활짝 펴는
또 다른 제국을 향해...

(2001.7.10.)

이산 저산에

이산 저산에
해와 달이
서로를 원망하듯
실체를 지워버리고
이산 저산에서
바라만 보고 있는
풀잎들은
이미 이슬을 털어 내고 있다

이산 저산에 있는 나는
더 이상 내가 아니었다.

(2001.7.11)

이 세상 저 세상

눈을 뜨니
이미 어제의 오늘이 아니었다

그저 한곳을 향해가다
논두렁 웅덩이를 건너자마자
질주하는 거리로 변해버렸다

여기 저기서 줄달음질 치는
발걸음이 머뭇거린다.

(2001.7.11.)

겨울 달빛

잎도 없이
길동무 하나 없이
흔들리는 나뭇가지
그 혼자서
우리가 함께 바라보는
겨울 하늘이 있다

흰눈 내려
더욱 밝은 겨울 달빛이 있어
절실히
간절히 그리워하며
밝은 달 뒷켠에서
함께 자리 잡는다

서로 바라보다
달빛을 사이에 두고
떨어지지 않는 포옹을 한다.

(2001.12.20.)

물결

여운을 뒤로하고
잔잔히 흔들거린다
바람개비도
맞 바람을 맞이하며
흔들림 없이 뒤로 밀어낸다

그 바람이 얼굴에 닿으면
얼굴의 미소가 여운을 남긴다.

여유로운 미소로...

(2001.12.20)

사랑(2)

화롯불처럼 따스한
봄 햇살처럼 따스한
그런 가슴에는
화선지에 새겨진 글씨처럼
지워지지 않는 그리움이 있다

그런 사랑이 있다.

(2001.12.25.)

편지(1)

남아 있는 요일
목요일
금요일
그리고 토요일

희고 빨간 입술
아름다운 분위기에
부드러운 맛을 담고 있는
빨간 Wine
흰 wine 어때

그것도 아니면
소주 한잔
나는 날마다 잔에 채워진
술을 바라보면서
희망이라는 단어를 가슴에 품고
내일을 항해한다

비록 꿀꿀이 죽을 먹을지언정
세상사는 날에는
그리고 깨어있는 날에는
밝고 아름답게 산다오

오가이의 향기를 맛보는 꿈을 꾸며.......

(2000.3.23.)

편지(2)

아름다움을 추구하는 사람이
우리 아담한 소녀(?)
키가 더 크지 않으니까
앞으로 그렇게 부르겠음
불러도 되겠지?

봄! 봄! 봄!
여인네의 가슴을 울리는 계절
봄! 꽃의 계절
누구나 탐내는 아름다운 계절
나도 한번 탐내볼까나
한 여인을(?)
어디에 나도 모르는 곳에
있는 한 여인을
꽃처럼 탐내볼거나
그리고 뜨거운 포옹을
하면서 키스를...
햐!
내가 너무 야했나?

아니야
아닐거야
모든 인간의 본성이니까

(2000.3.30.)

편지(3)

***! 안녕

"꿈과 만남"

꿈 많은 학창시절에
수 많은 별들을 바라보며
넓은 공간과 앞으로의
세월을 기다리면서 꿈을 키워왔지

그러나 지금은 너무나 많은 것을
그림자 사이에 묻어놓고
앞으로만 걸어가고 있어

우리는 어렸을 적엔 항상 미래를 향해갔지
그러나 지금은 가끔 뒤도 돌아보는
시간을 가지고 있어야지

그래도 우리는 미래를 위해서 살아야
-꿈을 위해 또는
아름다운 만남을 위해-
그래야 오늘의 고통도
참고 이겨낼 수 있을 거야

(2000.8.23.)

편지(4)

어둠이 내리고
10월의 한 가운데 밤하늘을 보고 있노라면
너무나 깊은 나락으로 빠져드는 것 같고
깊이 시름하는 사람들의 애환을
껴안으려고 하는 모습인 것 같아
가을 밤 하늘은 유난히 정겹기도 하고
또 쓸쓸하기도 하다.

이제 가을이다.
코스모스도
그리고 강가의 강물도 출렁이며
강가로 몰려드는
가녀린 파도의 끝이
너무나 외로워 보이고
모든 사람들의 걸어가는 모습에서
삶의 애환이 느껴진다.

나 또한 타인의 눈에 그렇게 비쳐지는 것이 싫어서
더욱 당당해지고 싶고
더욱 멋있게 보이려고 해도
인위적인 것이 왠지 어색하기만 하고…

오늘도 그냥…..바람때문에
가슴 한켠에 황량한 자신이 조금 보인다.
외로워 지려하고
또 하는 일에서
잠시 멀리 떨어져 있고도 싶다.

(2003.10.8.)

편지(5)

"삶이란 그 무엇(일)엔가에
그 누구(사람)엔가에 정성을 쏟는 일이라고...."
오늘의 키워드입니다.

제가 요즘 읽고 있는 책에서 뽑아낸 것입니다.
오늘도 산에 올랐는지...
춥다고, 어렵다고 움츠려 들지 말고 일을 하다 보면
꾀도 나고 힘도 난다고 합니다.
지금껏 열심히 살아왔고 노력하며 살고 있기 때문에
그 만큼의 댓가는 분명 돌아 오리라
믿고 싶고 또 바랄께요.

"세월이 가는 걸 본 사람도
나무가 큰 걸 본 사람도 없는데,
세월은 가고 나무는 자랍니다.
나무는 뿌리만큼 자란다고 합니다.
뿌리보다 웃자란 미루나무는
바람이 좀 세게 불면 자빠집니다."
제가 해 줄 수 있는 말은

그저 이것 뿐이 없는 것 같네요.
조급해 하지 마세요.
분명 좋은 일이 기다리고 있을 꺼예요.
그렇게 믿고 살면 하루하루에
더 충실한 삶이 되지 않을까 하는 게
식견좁은 사람의 낙관이랍니다.
오늘 노대통령 취임식 있었어요.
암튼 국민이 대통령이라고 했고
국민의정부라고 했으니깐
우리 같은 서민들에게도 햇빛들 날이 오겠죠?
오늘 하루도 당신의 삶에 주체가 되는 하루가 되시길....
꿈이 있다면 항상 그 꿈을 생각하세요.
꿈은 이루어 집니다.

(2003.2.25.)

달

손에 올려 놓고
꽃잎을 넣고 그리며
축복을 넣는다.
입김 넣어
후! 부니 별들
녹슨 기차타고 가는 길
강아래 깊은
네 모습 그대로다.
아무래도
기다리는 곳 찾아
천리길 춤사위
한잔으로 가자꾸나.
먼 곳에
바라보며
사다리 놓고 가자꾸나.

(2014.9)

어머니

노래가사처럼, 다가오며
항상 중얼대며 떠나지 않는
한 움큼의 장미다발에
숨어 지친 삶 공간에서
호미손을 내밀고 있다

늙어가는 노랑나비 들녘에
살아가는 슬픔이 더할 때,
이 밤 더욱 그리워진다
내 나이 세월이 흘러도
솜털같은 하루생활 기댈 주막에서
간간히 써내려간다
오늘도 혼자라고 마음을 기대고 간다

외롭다고 하여
그리워진다고 한다.

(2014.8.)

민들레 마음

흩어져 있다가
하나되어
흙에 내려
천둥사랑에 조각한다
하늘 끝에서
물어 내린 실개천
조롱박 한모금에
입맞춤을 새긴다

백년을 지나
천년을 넘고 천만년에
새긴 조각된 사랑비를 생각한다
다시 일군 논두렁에
하얀 봄이 오고
날아갔다 다시 만나
폭포 아래서
큰 소리로
옛 이야기를 만든다.
하얀 민들레 얼굴

날아갔다가 다시 하나된
민들레 마음으로
여름날을 맞이 한다

민들레 모습 사랑한다.

(2014.8.)

시계 추

촌각 알 수 없어요
깊이 나눈 이야기 없어
따갑게 모기 침 하나로
잉잉 내민다
그려려니 하고
눈 감고 스쳐가며
구름이었다는 것을 안다

고통도 즐거움도
왔다 갔다 하며
인생이다

네가 남긴 것
족쇄되었고
발버둥이 눈물방울로
남을게다

왔다 갔다 흔들리는 것이
인생이다.

(2014.7.24)

사랑(3)

불멸,
죽음도 불사하는
가시 끝 대롱 대롱
걸려있는 물방울처럼
세월을 뒤로하고
흔들리는 연습을 반복한다

슬픔도 마다하지 않고
항상 그 자리에서
작열하는 사랑에
넋을 잃고 떠나가지 않고 있다

세월따라 그어진
천년 이야기 쌓여
바윗돌되고
도라지 향기되고
슬픈 전설이 되기도 한다

힘들기도 한
저녁 가로등 불빛
실개천 물길에
떨림없이 드러누운
아픈 상처의 표징으로
언제나 다가온다

그러며 굳어진다.
사랑이다

(2014.7.26.)

세상살이 사랑 : 젊고 늙음에 관계없이

2022년 12월 7일 초판 발행

지은이 | 이제홍
발행인 | 최익영
펴낸곳 | 도서출판 책연
주   소 | 인천광역시 부평구 부영로 196
　　　　Tel (02) 2274-4540 | Fax (02) 2274-4542

ISBN 979-11-92672-00-7 03810   정가 12,000원

저자와 협의하에 인지는 생략합니다.
잘못 만들어진 책은 구입하신 서점에서 교환해 드립니다.